JN261459

ポーケのファッション画集

19世紀の銅版画家

フランスと異国の貴族・民衆の服装

イポリット・ポーケ／ポリドール・ポーケ：原著
ルフェブル＝バケ・ジュリアン：翻訳
徳井 淑子：監修

マール社

扉の図版：原書の『国内編』扉ページの挿絵より
角笛を吹いているのは、P.27 の小姓。よく見るとその後ろには、
『国内編』に登場する中世の円筒型の帽子をかぶった女性や、
ロココの時代の女性、さらには 19 世紀の女性までいる。

❧ 序文 ❧

　本書は、フランス 19 世紀半ばに版画家として活躍したイポリット・ポーケ、およびポリドール・ポーケの兄弟 Pauquet frères が、1864 年に制作・発行した『歴史に現れた服飾と流行　国内編』Modes et costumes historiques、および 1875 年にその国外編として続刊した書物 Modes et costumes historiques étrangers の 2 巻を複製・再編し、解説を加えたものです。

　原書の『国内編』には、フランスの 5 世紀から、兄弟が活動した 19 世紀半ばのファッションまで、銅版・手彩色による服装図 96 点が収められています。『国外編』には、フランス以外のヨーロッパ地域、中東、アジア、日本に至るまでの世界各国の服装図が、15 世紀から 19 世紀まで、こちらも 96 点、銅版・手彩色によって収められています。本書はこれら総計 192 点の作品を時代ごとにまとめ、中世から 19 世紀まで時代を追って掲載しています。その際、国外編のヨーロッパの服装図については、それぞれフランスの服装図に近いところに配置し、その他の地域の図を、それらの後に続けています。

　版画の大部分はフランスを中心としたヨーロッパの服装で占められています。中世初期から作者の同時代まで時間的にも広範囲に、また地域もドイツ、オランダ、スペイン、イタリア等の近隣はもとより、ポーランド、ロシア、スウェーデン、ノルウェーまで多彩で、着ている人物の階層も限定されることなく選ばれていますから、ヨーロッパのファッションについては時代の特徴を漏れなく知ることができます。一方、ヨーロッパ以外の地域については、数は少ないものの、それぞれの時代のヨーロッパ人が東方をいかに見ていたのかがよく分かり、興味深いものがあります。16 世紀のトルコやエチオピア、17 世紀のペルシャ、18 世紀の中国、19 世紀の日本、それぞれの関心は、時代の異国趣味に重なります。

　もちろん画家・版画家・挿絵画家として活躍したポーケ兄弟の描いた本作品は、美術作品としても評価が高く、私たちは本書を作品集として鑑賞することもできます。人物の下には、作品が模写に使った絵画や版画、あるいは典拠の書物が記載され、また人物のモデルが歴史上著名な王侯であれば、その名も記載されています。読者諸氏には、もとの作品が思いつくものもあるでしょうし、また関心のある歴史上の人物が登場していれば、それもまた本書を見る楽しみとなるでしょう。それぞれの楽しみ方で本書をひもといてくだされば幸いです。

徳井 淑子

解説

　本書を制作したポーケ（Pauquet）兄弟とは、ナポレオン1世の時代に版画家として活動したジャン・ポーケ（Jean 1759〜1824年）の長男イポリット（Hippolyte 1797〜1871年）と、次男ポリドール（Polydore 1800年生）のことです。二人ともパリの美術学校で学び、兄イポリットは銅版・石版の画家として、弟ポリドールは兄の協力者として、ともに活躍しました。二人は、物語の挿画の他、第二帝政のナポレオン3世と妃ウジェニーの肖像版画を残していますから、皇室に仕えた画家であったと思われます。本書の刊行の頃は老練な版画家として活動していた時期で、『国外編』の刊行の際には、イポリットは既に亡くなっています。

　ポーケ兄弟が、なぜこのような書物を刊行したのか、ここには時代が要請した理由があります。彼らが本書を出版した1860〜70年代とは、ロマン主義の活動によって時代衣装に対する関心が高まった後、その知識が服飾史という学問として結実する時期でした。服飾史の学問的著作として知られる最初の書物は、中世古文書学者のジュール・キシュラによる『フランス服飾史』ですが、その刊行は1875年です。本書は、ファッションの歴史に人びとが大きな関心を寄せた時代であればこそ生まれた著作です。

　フランスでは、1830年代に入るとドイツやイギリスの影響を受けてロマン主義の芸術が開花します。ロマン主義とは、演劇・美術・文学など諸芸術の総合化を特徴としますが、これらを貫く重要な要素に服飾があります。たとえば芝居の世界では、舞台衣装や大道具の制作に時代考証を行うようになるのはこの時です。小説では、過去の巨匠たちによる肖像画から、歴史上の人物のイメージをつくり、服飾描写をていねいに行うのがこの頃の特徴です。歴史画も盛んで、歴史に取材したテーマで絵を描くには、その時代にあった服装を人物に描き込まねばなりません。このようにして作品の制作に服飾史の知識が求められたのが、ロマン主義の芸術活動でした。上述のキシュラの著作の序文には、画家が歴史画を描く際に参考にできるように、という出版の理由が書かれています。ポーケ兄弟による本書も、このような時代の要請のなかで出版されました。

　文芸における歴史ブームはロマン主義の特徴ですが、そうであるにしても歴史への関心がなぜ服飾史に向けられたのかには、もう一つ理由があります。それは、謝肉祭すなわちカーニヴァルの仮装舞踏会の隆盛です。19世紀パリのカーニヴァルはヨーロッパ中から観光客を集め、その最大のイヴェントともいえる仮装舞踏会は、パリ市民にとって冬場の最大の娯楽でした。カーニヴァル最終日の最高に賑やかな仮装舞踏会に、どのような恰好で臨むか、宮廷貴族から庶民や若者にいたるまで心を砕いたことは当時の小説が証言しています。当時のベストセラー『ロビンソン・

　クルーソー』など小説の登場人物や、オペラ・コミックや通俗喜劇の舞台の人物に扮するなど多彩な仮装が見られましたが、歴史に取材した扮装や、巨匠たちの肖像画の人物に扮することは、服飾史の知識が求められる高尚な趣味でした。本書のような版画集は、ゆえに仮装服のヒントとしても需要があったと思われます。彼らの他にも、国立図書館版画室で司書を務めたアシル・ドゥヴェリアや、奇抜な仮装服のモデルを提案したガヴァルニなど、版画家が少なからず服飾図集を刊行しています。

　さて、兄弟が本書のためにモデルとした作品は、フランスのものに関してはいずれも今日なお服飾史で重視される作品群です。中世の典拠とされているウィルマンとは、版画家であり古物学者であったグザヴィエ・ウィルマンが1798～1802年に刊行した『古代の人びとの市民服と軍服』を指しています。ゲニエールとは、教会に残された彫像や浮き彫りや壁画、また写本の挿絵などを克明に模写した17世紀の人物で、その大量のデッサンは、その後、遺品自体が散逸した場合もあって貴重な資料群になっています。そして17世紀のジャック・カロ、アブラハム・ボスの風俗版画、世紀末のボナール兄弟によるコスチューム・プレートの模写が続きます。18世紀には、ジャン＝ミシェル・モロー、サン＝トーバン、世紀末から19世紀初頭のドゥビュクールやヴェルネ父子など、著名な版画家の作品が並んでいます。

　一方、フランス国外については、イギリスの画家ホルバイン、フランドルの画家ヴァン・ダイクやルーベンス、イタリアの画家カルパッチョなど、巨匠たちの絵画が並びます。16世紀の大航海時代には、異国の衣装を版画に起こしたコスチューム・プレート集が刊行されていますから、代表的なヴェチェリオの『古今東西の衣装』や、アブラハム・ド・ブリュインの『諸国民の服装』が中東地域を含めた服装図の典拠となるのは頷けます。その他、16世紀から彼の同時代まで、ロシアやポーランドの画家からイタリアの旅行家まで、驚くほど多彩な作家の作品や文献をボーケ兄弟は渉猟しています。ただし、典拠となっているものには、同時代の制作ではないために服飾史の資料としては保留にせざるをえないものもあります。また、典拠の画家の複数の作品を組み合わせてしまったもの、本来の半身像を全身像に改変してしまったものも見られます。それらを理解した上で、兄弟の創作を評価・鑑賞すべきでしょう。

　ロマン主義の時代以来、服飾史に最も通じていたのは、過去の作品から絵画技法を学んでいた画家たちでした。史劇の舞台衣装が画家によって制作された時代なのです。ボーケ兄弟もまた過去の図像に通じた画家として、服飾史のスペシャリストでした。

（徳井淑子）

もくじ

- ◆ 5〜15世紀 7
- ◆ 16世紀 25
- ◆ 17世紀 75
- ◆ 18世紀 99
- ◆ 19世紀 145
- ◆ 参考文献 173
- ◆ 監修者紹介 174
- ◆ プレートナンバー対応表 174

❖ コラム ❖

- ◆ ヘッドドレスについて 24
- ◆ 襟について 74
- ◆ 袖について 98
- ◆ ロココ時代のファッション 101
- ◆ フランス革命とその後のファッション ... 132

5〜15世紀

5〜15世紀

✿ プレート一覧　頭の数字はプレートナンバーです。

001	聖クロティルダ（493年）	011	小間使い（1460年）
002	女性の衣装（9世紀）	012	貴婦人（1460年）
003	フランスの衣装（10世紀）	013	マリー・ド・ブルゴーニュ（1477年）
004	盛装（1364年）	014	パリ郊外の女性（1443年）
005	小姓（1380年）	015	羊飼い（1491年）
006	ジャン・ド・モンテギュ（1408年）	016	遊女（1491年）
007	ジャクリーヌ・ド・ラ・グランジュ（1408年）	017	医者（1493年）
008	王女（1420年）	018	ヴェネツィアの貴族（1496年）
009	ウード・ジュヴナル・デ・ジュルサン（1420年）	019	男爵と男爵夫人（1493年）
010	パリのモード（1450年）	020	ポーランドの王女（15〜16世紀）

✿ 関連年表

486年	フランク王国成立
493年	聖クロティルダ、フランク王クロヴィス1世と結婚
697年	ヴェネツィア共和国成立
843年	シャルル2世（禿頭王）がカロリング朝西フランク王に即位
962年	神聖ローマ帝国成立。
987年	フランス・カペー朝成立
1096年	十字軍遠征開始
12c後半	ゴシック様式が用いられはじめる
1337年	百年戦争（〜1453年）
	イタリア・ルネッサンス始まる
1364年	シャルル5世（賢明王）がフランス・ヴァロア朝第3代国王に即位
1380年	シャルル6世（親愛王、狂気王）がヴァロア朝第4代国王に即位
1422年	シャルル7世（勝利王）がヴァロア朝第5代国王に即位
1453年	東ローマ帝国滅ぶ
1483年	シャルル8世（温厚王）がヴァロア朝第7代国王に即位
1477年	ナンシーの戦い。マリー・ド・ブルゴーニュの父、シャルル突進公は戦死
	マリー・ド・ブルゴーニュ、マクシミリアン大公と結婚

PLATE 001
聖クロティルダ（クロヴィス1世の妻）
当時の影像より／493年

♦ PLATE 002
女性の衣装（シャルル2世禿頭王治世）
当時の写本より／9世紀

◆ PLATE 003
フランスの衣装（王と王妃）
ウィルマンによる／10世紀

◆ PLATE 004
盛装（シャルル 5 世治世）ウィルマンによる／1364 年

背景の男性の短い衣服はコタルディと呼ばれ、14 世紀半ばの新しい服装。コタルディとは大胆なコット（衣服）という意味で、男性はそれまでワンピース型の長衣を着ていたため、それに比べて大胆という意味。靴の先を尖らせるのは、中世の特徴であり、15 世紀には 60cm におよぶ男性の靴が流行する。

◆ PLATE 005
小姓 （シャルル5世治世）
ウィルマンによる
1380 年

◆ PLATE 006
ジャン・ド・モンテギュ
（シャルル6世治世代）
ゲニェールによる
1408 年

15世紀の男子服は、前世紀のコタルディが少し変化して、フランス語ではプールポワンと呼ばれる。袖の中央に穴を開けて腕を通す一種の飾り袖は、この頃の流行。裏には毛皮が張られ、寒ければ腕を袖に入れるのだろう。

◆ PLATE 007
ジャクリーヌ・ド・ラ・グランジュ（ジャン・ド・モンテギュの妻）
ゲニエールによる／1408年

女性のドレスは、両腕の下を大きく刳っているため、「開いた衣服」という意味でスュルコ・トゥヴェールと呼ばれた。胸と裾には最高級のアーミンの毛皮が付き、スカート部分には紋章が描かれている。ハート型のヘッドドレスは「割れたパン」とからかわれた15世紀初頭の流行である。

◆ PLATE 008
王女（シャルル6世治世）
アンヌ・ド・ブルターニュの時禱書より／1420年

◆ PLATE 009

ウード・ジュヴナル・デ・ジュルサン（シャルル6世治世）
当時の絵画より／1420年

PLATE 010
パリのモード(シャルル7世治世)
ゲニエールによる／1450年

円錐形の帽子は、15世紀半ばの女性ファッションの特徴。てっぺんから薄い紗の布をたらす。一般にエナン帽と呼ばれているが、後の記録作家の誤解により定着したもので、当時このように呼び習わされたわけではない。この頃のドレスは、筒袖にVネックが特徴である。

◆ PLATE 011
小間使い（シャルル7世治世）
フランスの昔の写本挿絵より
1460年

◆ PLATE 012
貴婦人（シャルル7世治世）
ゲニエールによる／1460年

PLATE 013
マリー・ド・ブルゴーニュ（マクシミリアン大公と結婚）
ゲニエールによる／1477年

エナン帽は、ここでは両脇に下がる垂れ布が付き、てっぺんから下げられる布も重厚な織物で、ドイツ文化圏らしい。
エナン帽を被る時には、生え際の毛も抜いて、額を広く見せた。

◆ PLATE 014
パリ郊外の女性（シャルル7世治世）
ゲニエールによる
1443年

◆ PLATE 015
羊飼い（シャルル8世治世）
当時の図像より／1491年

◆ PLATE 016
遊女（シャルル8世治世）
当時の図像より／1491年

◆ PLATE 017
医者（シャルル8世治世）
当時の写本より／1493年
14世紀以来の古風なウースを着た医者らしい姿である。袖口がケープのように広がり、襟には「小さな舌」という意味のラングレットが左右対称につくのが特徴である。

◆ PLATE 018

ヴェネツィアの貴族
ジャンティ・ブランによる／1496年

15世紀末期のしゃれた青年貴族の姿である。ひじから下に大きく切り開かれたスラッシュから軽やかな紗の薄布が垂れている。ストッキングは右脚がストライプ、左脚は無地。左右で色や柄が異なる「ミ・パルティ」は若者たちに流行した。

◆ PLATE 019

男爵と男爵夫人（シャルル8世治世）
当時の写本より／1493年

♦ PLATE 020
ポーランドの王女
出典不明／15〜16世紀

近隣諸国の侵攻によって国土の伸縮を繰り返してきたポーランドだが、その黄金期はリトアニアとの連合を実現したヤギェウォ朝末期の16世紀から、ポーランド・リトアニア共和国初期の17世紀前半までである。強大な多民族国家として栄え、学術の国際的拠点であったクラクフ大学は地動説のコペルニクスを輩出した。図の服装は、イタリア・ルネサンスの影響を受けた時期の宮廷服であるが、毛皮やビロードと思われる素材には北方の文化が感じられる。

コラム
ヘッドドレスについて

古来、ヘッドドレス（頭かざり）は、権力や地位を誇示する役割を果たし、ヨーロッパではファッションの重要なポイントでした。各時代の特徴的なヘッドドレスを紹介します。

15世紀初め頃の巨大化した角型帽は聖職者たちの非難を買い、地獄に落ちた女たちの髪の毛で膨らましていると嘲笑された。

円錐型の帽子は15世紀半ばの流行。今日ではエナン帽と呼んでいるが、これは元々、左図の角型帽をからかった揶揄のことばであった。

ふさふさとした金髪のかつらに、羽飾りのついた大きな帽子を被るのが、ルイ14時代の宮廷貴族にとって最高の装い。豊かな毛髪が権威の象徴だった。

ロココ時代には女性の頭を大きく飾りつけるのが流行し、その末期には帽子まで巨大化した。衣装よりも髪をいかに結うのかが重要だった。

フランス革命の動乱期末期に、風変わりな扮装を誇った男性はアンコワヤブル、女性はメルヴェイユーズと呼ばれた。大きなリボンは、メルヴェイユーズの特徴である。

19世紀初頭から世紀を通して女性が被ったカポート帽。あごの下でリボンを結ぶ。カブリオレ、つまり幌馬車という名の折りたたみ式もあった。

16世紀

16世紀

🔶 プレート一覧　頭の数字はプレートナンバーです。

021　小姓（1500年）
022　アンヌ・ド・ブルターニュ（1500年）
023　ドイツ・バイエルン州の公爵夫人（1500年）
024　エリザベス・オブ・ヨーク（1502年没）
025　ヴェネツィアのゴンドラの船頭（1506年）
026　カルザの騎士たち（1506年）
027　ヴェネツィアの若い女性と子ども（1514年）
028　ドイツ・ニュルンベルグの婦人（1508年）
029　オランダ貴族のお嬢さん（1509年）
030　イングランド王ヘンリー8世
　　　（1509年生1547年没）
031　王妃クロード（1499年生1524年没）
032　ブルジョワ（1510年）
033　アンリ・ダルブレ（1527年）
034　エレオノール・ドートリッシュ（1530年）
035　王太子でヴィエンヌ公フランソワ（1534年）
036　アン・ブーリン（1536年）
037　アン・オブ・クレーヴス（1557年没）
038　メアリー・テューダー（1558年）
039　ジェーン・グレイ（1554年）
040　フェリペ2世（1556年）
041　ヴェネツィアの貴族の婦人（1557年）
042　エリザベス1世（1533生1603年没）
043　メアリー・スチュアート（1560年）
044　ジャンヌ・ドートリッシュ（1565年）
045　エリザベート・ドートリッシュ（1570年）
046　マルグリット・ド・フランス（1572年）
047　貴族の男性（1580年）
048　宮廷の婦人（1579年）
049　宮廷の婦人（1580年）
050　宮廷の婦人（1580年）
051　ジョワイユーズ公アンヌ
　　　（1561年生1587年没）
052　ジョワイユーズ公夫人マルグリット
　　　（1581年9月24日に結婚）
053　トルコの王女（1556年）
054　ロクセラーナ（1557年）
055　トルコの宮廷女性（1581年）
056　セリム2世（1573年）
057　ヴェネツィア大公（1580年）
058　ヴェネツィア大公妃（1581年）
059　ヴェネツィアの貴族の婦人（1581年）
060　ドイツ北部の貴族の婦人（1581年）
061　ヴィレトリの女性（1581年）
062　ドイツ・ニュルンベルグの婦人（1586年）
063　アントワープの貴族の婦人（1581年）
064　ケルンの若い女性（1581年）
065　晴れ着を着たクレーヴの女性（1581年）
066　バイエルン公女（1586年）
067　スイスの要人（1581年）
068　ヴィチェンツァの貴族の婦人（1586年）
069　エチオピアの宮廷の貴族（1590年）
070　ロンバルディアの農家の女性（1590年）
071　人足（1586年）
072　女中（1586年）
073　貴族の女性（1586年）
074　貴族の男性（1586年）
075　アンリ4世（1595年）
076　ガブリエル・デストレ（1595年）

🔶 関連年表

1558年　エリザベス1世即位
1581年　オランダ独立宣言
1588年　スペイン無敵艦隊、イギリスに敗れる

PLATE 021

小姓（ルイ12世治世代）
ウィルマンによる／1500年

主君に仕える若い小姓は、役目柄、派手な衣装を着せられる。主君の紋章の色が使われることが多い。ここでは大柄なストライプとリボン結びが目立つ。タイツはこのように、紐で上着に結び付けて装着するのが習慣。袖も同様、結び目の下から下着を引っ張り出すのが、この頃の特徴である。

♦ PLATE 022
アンヌ・ド・ブルターニュ（ルイ 12 世の 2 番目の妻）
ゲニエールによる／1500 年

夫シャルル 8 世が亡くなった後、後継の王ルイ 12 世の妃となった女性。ドレスの裏打ちと縁飾りに使われているのは、支配者のシンボルであったアーミンの毛皮。アーミンはイタチ科の動物で、白い冬毛の尾の先が黒く、尾もはぎ合わせるために、黒い斑点が浮かぶ。

◆ PLATE 023
ドイツ、バイエルン州の公爵夫人
ヨスト・アマンによる／1500年

◆ PLATE 024
エリザベス・オブ・ヨーク（イングランド王ヘンリー7世の妻）
ホルバインによる／1502年没

♦ PLATE 025
ヴェネツィアのゴンドラの船頭
カルパッチョによる／1506 年

◆ PLATE 026

カルザの騎士たち
カルパッチョによる／1506年

♦ PLATE 027

ヴェネツィアの若い女性と子ども
ジュゼッペ・ガテリ『ヴェネツィア史』より／1514年

腰から下げた袋は、一種のもの入れで、香料を入れたにおい袋とも言われる。ポケットはない時代である。

PLATE 028
ドイツ・ニュルンベルグの婦人
アルブレヒト・デューラーによる／1508年

髪を丸く大きく包み込んだヘッドドレスは、16世紀初頭のドイツ女性に特徴的で、クラナハによる肖像画《アンナ・クスピニアーン》にも描かれている。手に持つのは愛の花であるナデシコ。結婚を記念した肖像画で人物が手に持つことが多い。

◆ PLATE 029
オランダ貴族のお嬢さん
ルーカス・ファン・レイデンによる／1509年

PLATE 030

イングランド王ヘンリー8世　1509年生 1547年没
出典不明

イギリスではダブレットと呼ばれた衣装に、半袖、毛皮の裏付き外套を重ねたルネサンス期イギリスの服装。羽根飾りの付いた一種のベレー帽もこの頃の流行。ダブレットの袖には細かく切れ込みを入れたスラッシュ装飾が施され、靴にも同様のスラッシュが見える。

◆ PLATE 031

王妃クロード（フランソワ１世の最初の妻）　1499年生1524年没
ゲニエールによる

台形に刳られたデコルテ、毛皮付きの大袖のローブは、中央が逆V字型に開き、下に着用しているコットを見せる。
腰から装飾ロザリオを下げるのも16世紀前半の流行である。

◆ PLATE 032
ブルジョワ（ルイ12世治世）
ウィルマンによる／1510年

◆ PLATE 033
アンリ・ダルブレ（アンリ4世の祖父）
ゲニエールによる／1527年

◆ PLATE 034

エレオノール・ドートリッシュ（フランソワ１世の２番目の妻）
ゲニエールによる／1530 年

◆ PLATE 035
王太子でヴィエンヌ公フランソワ（フランソワ1世の息子）
ゲニエールによる／1534年

◆ PLATE 036

アン・ブーリン（イングランド王ヘンリー8世の妻）
ホルバインによる／1536年

PLATE 037

アン・オブ・クレーブス（イングランド王ヘンリー8世の妻）1557年没
ホルバインによる

PLATE 038

メアリー・テューダー（イングランド王妃）
出典不明／1558年

♦ PLATE 039

ジェーン・グレイ（イングランド王妃）
ホルバインによる／1554年

◆ PLATE 040
フェリペ2世（スペイン王）
ティツィアーノによる／1556年

上着や靴のほか、半ズボンにも縦にスラッシュ装飾を入れ、裏地を見せるのはルネサンス期のヨーロッパに広く見られるモードである。

PLATE 041
ヴェネツィアの貴族の婦人
ジュゼッペ・ガテリ『ヴェネツィア史』より／1557年

◆ PLATE 042

エリザベス1世（イングランド女王）1533年生 1603年没
ホルバインによる

ファージンゲールと呼ばれたペチコートでスカートを大きく膨らませ、上のローブの前面を逆V字型に開けるのはフランスの場合と同じ。裾に達するほどの大きな飾り袖、首の周りに扇のように立ち上がり、今日ではメディチ・カラーと呼ばれるレースのひだ襟は、16世紀末のモードである。

♦ PLATE 043

メアリー・スチュアート(スコットランド女王
当時の絵画より／1560年

レースや紗の薄い布に糊を付け、熱した型付け棒をあててつくる襟飾りは、1560年代に登場する。厚みがあり重厚なもの、薄く幅の広いもの、レースのひだを数段重ねた繊細なものなど、17世紀の初頭にかけて多彩なひだ襟がつくられている。

◆ PLATE 044
ジャンヌ・ドートリッシュ（フランス王妃マリー・ド・メディシスの母）
ルーベンスによる／1565年

◆ PLATE 045
エリザベート・ドートリッシュ（シャルル 9 世の妻）
ゲニエールによる／1570 年

アルスレという鉄製の輪で、髪をハート型にかき上げるのが、16世紀半ばの女性のモード。フランス語でバスキーヌというコルセットと、ヴェルチュガルというペチコートを装着し、コットとローブを重ねたシルエットは世紀前半から変化していないが、首にひだ襟がつくのが新しい。

◆ PLATE 046
マルグリット・ド・フランス（アンリ4世の妻）
トマ・ド・ルによる／1572年

◆ PLATE 047
貴族の男性（アンリ3世治世）
ゲニエールによる
1580年

16世紀末期には、縁なしのトック帽が流行している。

◆ PLATE 048
宮廷の婦人（シャルル9世治世）
ゲニエールによる／1579年

◆ PLATE 049
宮廷の婦人
（アンリ3世治世）
当時の絵画より／1580年

メディチ・カラーを付けた女性の後ろ姿と横から見た姿。スカートは、詰め物がされた輪型の道具を腰に巻いて、樽型に膨らませている。袖は袖山で大きく膨らみ、袖口をすぼめたジゴ袖で、右の女性の袖にはスラッシュ装飾が見える。

◆ PLATE 050
宮廷の婦人（アンリ3世治世）
当時の絵画より／1580年

◆ PLATE 051
ジョワイユーズ公アンヌ（アンリ3世の寵臣）
1561年生1587年没／当時の絵画より

細身のズボンはイタリア・モードの影響であり、肩に羽織るケープはスペイン・モードである。16世紀にはそれぞれの
お国柄のモードが際立つときであり、各国モードの交流も活発になる時期である。

◆ PLATE 052
ジョワイユーズ公夫人マルグリット（アンリ3世の妻ルイーズ・ド・ロレーヌの妹）
1581年9月24日に結婚／当時の絵画より

◆ PLATE 053
トルコの王女
テオドール・ド・ブリによる
1556 年

◆ PLATE 054
ロクセラーナ（スレイマン1世の妻）
テオドール・ド・ブリによる
1557 年

◆ PLATE 055
トルコの宮廷の女性
アブラハム・ド・ブリュインによる
1581 年

◆ PLATE 056
セリム 2 世（オスマン帝国の皇帝）
アブラハム・ド・ブリュインによる
1573 年

つばのない帽子の上からターバンを巻き、カフ
タンと呼ばれる前開きのガウンを着ている。

PLATE 057

ヴェネツィア大公
アブラハム・ド・ブリュインよる／1580年

PLATE 058
ヴェネツィア大公妃
アブラハム・ド・ブリュインによる／1581年

♦ PLATE 059
ヴェネツィアの貴族の婦人
アブラハム・ド・ブリュインによる／1581年

大航海の時代といわれる16世紀には、古今東西の衣装文化に関心が寄せられ、異国の服飾を描いた版画集が大量に発行された。そのような作品を制作したフランドルの作家によるヴェネツィア女性の姿。ベールに固い輪を付けて、髪が乱れない工夫をしている。

◆ PLATE 060
ドイツ北部の貴族の婦人
アブラハム・ド・ブリュインによる／1581年

◆ PLATE 061
ヴィレトリの女性（イタリア）
アブラハム・ド・ブリュインによる／1581年

◆ PLATE 062
ドイツ・ニュルンベルクの婦人
ヨスト・アマンによる／1586年

精緻に描写されたスカートのひだと、流れるようなラインが美しい。ケルンで活動したアブラハム・ド・ブリュインの版画にも同様のシルエットが多い。ドイツのモードを写しているが、多分に様式化された元の作品を写したゆえの脚色があるだろう。

◆ PLATE 063
アントワープの貴族の婦人
アブラハム・ド・ブリュインによる
1581 年

◆ PLATE 064
ケルンの若い女性（プロイセン）
アブラハム・ド・ブリュインによる
1581 年

♦ PLATE 065
晴れ着を着たクレーヴの女性（プロイセン）
アブラハム・ド・ブリュインによる
1581 年

♦ PLATE 066
バイエルン公女
ヨスト・アマンによる
1586 年

◆ PLATE 067
スイスの要人
アブラハム・ド・ブリュインによる／1581年

♦ PLATE 068
ヴィチェンツァの貴族の婦人（イタリア）
ヨスト・アマンによる／1586年

◆ PLATE 069
エチオピア宮廷の貴族
ヴェチェリオによる／1590年

◆ PLATE 070
ロンバルディアの農家の女性（イタリア）
ヴェチェリオによる／1590年

◆ PLATE 071
人足（アンリ3世治世）ゲニエールによる／1586年

◆ PLATE 072

女中（アンリ3世治世代）
ゲニエールによる／1586年

◊ PLATE 073

貴族の女性（アンリ3世治世）
ゲニエールによる／1586年

◊ PLATE 074

貴族の男性（アンリ3世治世）
ゲニエールによる／1586年

♦ PLATE 075

アンリ4世（フランス王）
レオナール・ゴティエによる／1595年

黒いプールポワンと半ズボン、黒いタイツとスペイン風の黒い小型マント、ひだ襟は白い。黒は、ヨーロッパ宮廷の手本となったスペイン宮廷のモードで、しかもプロテスタントの倫理に支えられて16〜17世紀に衣服の色としてもっとも好まれた色である。

◆ PLATE 076

ガブリエル・デストレ（アンリ4世治世代）
トマ・ド・ルによる／1595年

アンリ4世の愛妾。1599年、王は妃マルグリットと離婚、彼女と再婚しようとしたが、急逝した。バスキーヌで腰をしぼり、スカートは樽型、大きなひだ襟、16世紀末らしいモードである。

コラム
襟について

襟も時代や地域によって大きく変化した部分です。
ここでは代表的な襟の形を紹介します。

16世紀半ばから17世紀初頭に、のりを付けた紗やレースをたたんでつくるひだ襟が流行。厚さや幅など多様なものがある。

扇形に立ち上がったレースの襟は、アンリ4世妃マリー・ド・メディチの肖像画に見られるゆえメディチ・カラーと呼ぶ。

17世紀には繊細なレースの襟が男性の服装から流行。高価なレースで清潔をアピールするのがステイタス・シンボル。

17世紀の貴族は首にジャボを巻く。もともと下着の襟開きを覆うためにあった。高価なレースのジャボは18世紀までの貴族のモード。

乗馬服を表す英語から生まれたルダンゴトは女性服にも使われた。男性服のような大きな折り返しの襟がその特徴。

革命末期の風変わりなアンコワヤブルは、首の周りに分厚くネクタイを巻く。リンパ腺が腫れる病の名から「瘰癧風」と呼ぶ。

17世紀

17世紀

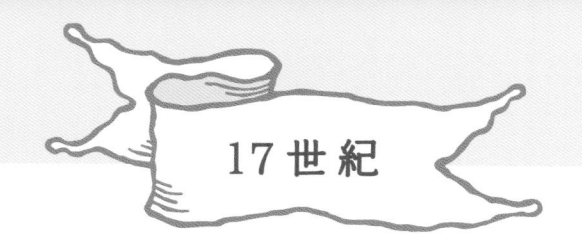

🟦 プレート一覧　頭の数字はプレートナンバーです。

- 077　ロレーヌの貴族（1625年）
- 078　ロレーヌの貴族（1625年）
- 079　フランスの衣装（1633年）
- 080　領主（1633年）
- 081　街の衣装（1633年）
- 082　貴族の男性（1642年）
- 083　ド・ラ・ヴァリエール嬢（1661年）
- 084　王子（1670年）
- 085　グリニアン夫人（1663年）
- 086　パニョレの牛乳屋（1680年）
- 087　ショールをまとう貴婦人（1692年）
- 088　聖ルイの騎士（1693年）
- 089　オルレアン公爵夫人（1692年）
- 090　部屋着姿の貴婦人（1696年）
- 091　公爵夫人（1693年）
- 092　ポーランドのブルジョワ夫人（17世紀）
- 093　ポーランドの王女（17世紀）
- 094　ポーランドの貴族の男性（1633～1668年）
- 095　ソビエスキ（1629年生1696年没）
- 096　ロシアの貴族の娘（17世紀）
- 097　チャールズ1世（1625～49年統治）
- 098　エレーヌ・フールマン（1630年）
- 099　クリスティーナ（1626年生1689年没）
- 100　グスタフ・アドルフ（1630年）
- 101　スペインの婦人（1644年）
- 102　アウスブルグのお嬢さん（1694年）
- 103　ギリシャの女性（1648年）
- 104　ムガールの女性（1650年）
- 105　ペルシャの婦人（1648年）
- 106　トルコの王女（1648年）
- 107　ペルシャの太守（1660年）
- 108　モハメド・イブラヒム（1665年）
- 109　スレイマン3世（1688年）
- 110　キフラー・アガフィー（1688年）

🟦 関連年表

- 1600年　イギリス・東インド会社設立
- 1602年　オランダ・東インド会社設立
- 1625年　ジェームズ1世没。チャールズ1世即位（イギリス）
- 1642年　ルイ14世即位（フランス）
- 1649年　チャールズ1世処刑（イギリス）
- 1661年　ルイ14世の親政（フランス）
- 1664年　フランス・東インド会社設立

◆ PLATE 077

ロレーヌの貴族
（ルイ 13 世治世）
ジャック・カロによる／1625 年

羽根飾りのついた男性の大きな帽子と折り返しの付いた大きなブーツが、いかにも 17 世紀モードを示している。この時期の男性服としては、ひだ襟はやや時代遅れ。

◆ PLATE 078

ロレーヌの貴族
（ルイ 13 世治世）
ジャック・カロによる／1625 年

◆ PLATE 079

フランスの衣装
（ルイ 13 世治世）
アブラハム・ボスによる／1633 年

派手に羽根のついた帽子のほか、靴先に付けた薔薇の花のようなリボン飾りとズボンの裾のリボンに注目。袖口のレースと、レース飾りの付いた白いリネンの襟も新しいモードである。レースやリボンは男性のアイテムであり、ステータス・シンボルでもあった。

◆ PLATE 080

領主（ルイ 13 世治世）
アブラハム・ボスによる／1633 年

◆ PLATE 081
街の衣装（ルイ13世治世）
アブラハム・ボスによる／1633年

◆ PLATE 082
貴族の男性（ルイ13世治世）
アブラハム・ボスによる／1642年

◆ PLATE 083
ド・ラ・ヴァリエール嬢（ルイ14世治世）
ジャン・プティトによる／1661年

髪を縮らせるのが、17世紀女性のモード。顔の両サイドを膨らませたり、前髪を垂らしたりするが、頭のてっぺんは平らである。

PLATE 084
王子（ルイ14世治世）
ヴァン・デル・ムランによる／1670年

フランス王ルイ14世の宮廷の貴族の姿である。スカートのように見えるが、ズボンのように二股に分かれている場合が多い。絵からは想像しにくいが、赤く見える部分にはリボンがびっしり下げられているのが通常で、足首と膝下のリボン飾りもこの頃のモード。

PLATE 085
グリニヤン夫人
（ルイ14世治世）
ビュスイ・ラブタン城所蔵の絵画より
1663年

髪を縮らせ、毛先を大きめにうならせて肩に垂らす髪型は、ユルリュペと呼ばれ流行した。

◆ PLATE 086
バニョレの牛乳屋
（ルイ 14 世治世）
ボナールによる／1680 年

◆ PLATE 087
ショールをまとう貴婦人
（ルイ 14 世治世）
ボナールによる／1692 年

右眼の脇につけぼくろが見える。黒のビロードやタフタを丸く切り、頬や鼻、唇の脇などに貼る。色白に見える効果をねらったものだが、星形や三日月型など様々な形が生まれ、つける場所によってメッセージを伝えたりもした。

PLATE 088

聖ルイの騎士
(ルイ14世治世)
ジャック・シャルル・バルによる
1693年

ふさふさとした金髪はかつらである。両手をマフに包んで温めているから冬の姿であろう。袖口は大きいが、肩から腰にかけて身体に密着した上着を着ており、これが後の燕尾服へと繋がるジュストコールである。テーラーメイドの萌芽といえる衣服である。

PLATE 089

オルレアン公爵夫人
(ルイ14世治世)
ボナールによる/1692年

◆ PLATE 090
部屋着姿の貴婦人
（ルイ 14 世治世）
ボナールによる／1696 年

顔には複数のつけぼくろ。ヘッドドレスは、17 世紀末のモードのフォンタンジュ。ルイ 14 世の愛妾フォンタンジュ嬢が、散策の途中にとっさにまとめた髪型に由来する。リボンやレースで髪を高く結い上げるのが本来だが、図のような帽子の場合もある。

◆ PLATE 091
公爵夫人（ルイ 14 世治世）
ボナールによる／1693 年

◆ PLATE 092
ポーランドのブルジョワ夫人（クラクフ）
ポーランドの図書館蔵
17世紀

◆ PLATE 093
ポーランドの王女
出典不明／17世紀

PLATE 094
ポーランド貴族の男性
ヤン・マティコの作品より
1633～1668年

袖のない上着は「シューバ」とよばれ、裏地に毛皮が使われている。襟幅も広い。手斧を持っている。

PLATE 095
ソビエスキ（ポーランド王）
1629年生1696年没
ガランによる

毛皮の外套は儀式などの際に用いられた。手に持っているサーベルは「カラベラ」とよばれ、ポーランドの貴族は常に携えていた。

◆ PLATE 096
ロシア貴族の娘(モスクワ大公国)
ポーランドの図書館蔵
17世紀

◆ PLATE 097
チャールズ1世（イングランド王）
1625～49年統治
アンソニー・ヴァン・ダイクによる

PLATE 098
エレーヌ・フールマン（ルーベンスの2番目の妻）
ルーベンスによる／1630年

◆ PLATE 099

クリスティーナ（スウェーデン女王）1626年生 1689年没
セバスティアン・ブルドンによる

スウェーデン女王クリスティーナは、1632年に6歳で即位、54年に従兄カール10世に王位を譲った後、ヨーロッパ諸国を回り、学問や芸術に専心した聡明で教養豊かな女性であった。男性的な性格で、乗馬や射撃を好み、男装でも知られる。図版は、むちを手にした乗馬の姿である。

◆ PLATE 100
グスタフ・アドルフ（スウェーデン王）
アンソニー・ヴァン・ダイクによる／1630年

◆ PLATE 101
スペインの婦人
ヴァーツラフ・ホラルによる／1644年

◆ PLATE 102
アウグスブルクのお嬢さん（ドイツ）
ヴォルフによる／1694年

PLATE 103
ギリシャの女性
ジョルジュ・ド・ラ・シャペルによる／1648年

◆ PLATE 104

ムガールの女性（インド）
ニコラオ・マヌッチによる／1650年

PLATE 105

ペルシャの婦人
ジョルジュ・ド・ラ・シャペルによる／1648年

頭部にはターバンを巻き、上着にはカフタンという長めの服を着ている。カフタンは前開きで、ボタンで留める形状になっている。

PLATE 106

トルコの王女
ジョルジュ・ド・ラ・シャペルによる／1648年

もんぺのようにゆったりした脚衣は、シャルワールという。

◆ PLATE 107
ペルシャの太守
ニコラオ・マヌッチによる／1660年

◆ PLATE 108
モハメド・イブラヒム
（コルコンダ王の将軍）
ニコラオ・マヌッチによる／1665年

◆ PLATE 109
スレイマン3世（オスマン帝国の皇帝）
ギョーム・トマ・レナルの絵画より／1688年

◆ PLATE 110
キフラー・アガフィー
ギョーム・トマ・レナルによる／1688年

コラム
袖について

袖は、時代や地域によってもっとも大きく変化する部分です。
ここでは代表的な袖の形を紹介します。

袖の中央に開口部を付けて、そこから腕を出す一種の飾り袖。必ずしも腕を通す必要のない飾り袖はヨーロッパに多い。

肩を被う袖と肘下の袖を紐で結びつけた袖。肘の曲げ伸ばしをスムーズにする合理的な理由もあり、イタリアやドイツに顕著である。

大きく開いた袖にはアーミンの毛皮付き。下のドレスの袖に入れた縦のスラッシュは、数箇所をリボンで結びつける。

ロレーヌ地方の女性の袖は、17世紀としては少し古いマムルーク袖。リボンで複数のくびれを作り、細かくスラッシュ飾りを入れている。

ロココの時代の女性服、ローブ・ア・ラ・フランセーズには、肘の部分に何枚も重ねたレース飾り、アンガジャントが付く。

袖山で大きく膨らみ、手首ですぼまる袖は、ルネサンス期に流行したものの復古。羊のもも肉（ジゴ）の形に似ているからジゴ袖という。

18世紀

18 世紀

❀ プレート一覧　頭の数字はプレートナンバーです。

111　流行の服で着飾った騎士（1700 年）	136　マリー＝アントワネット（1788 年）
112　聖ルイの騎士（1706 年）	137　ランバル公女（1788 年）
113　ピョートル大帝（1721 年）	138　フライブルクの若い女性（1792 年）
114　アンナ・イヴァノヴナ（1693 年生 1760 年没）	139　トゥールガウ州の若い女性（1792 年）
115　マリア・ヨーゼファ（1737 年）	140　カディスの女性（1790 年）
116　サーカシアの王女（1765 年）	141　マジョルカ島の若い女性（1790 年）
117　パニエ（1729 年）	142　サマランカの女性（1798 年）
118　カマルゴ嬢（1730 年）	143　闘牛士（1790 年）
119　サレ嬢（1730 年）	144　ヒンドスタンの女性（インド）（1722 年）
120　侯爵夫人（1740 年）	145　アラブの女性たち（1782 年）
121　パリのモード（1740 年）	146　高官（1780 年）
122　パリのモード（1740 年）	147　高官の妻（1780 年）
123　侯爵（1740 年）	148　カイロの女性（1799 年）
124　パリのモード（1763 年）	149　北米のインディアン（1780 年）
125　宮廷の衣装（1745 年）	150　パリのモード（1790 年）
126　パリのモード（1763 年）	151　パリのモード（1792 年）
127　ポンパドゥール夫人（1746 年）	152　パリのモード（1792 年）
128　デュ・バリー夫人（1770 年）	153　パリのモード（1792 年）
129　パリのモード（1777 年）	154　パリの女性（1793 年）
130　領主（1775 年）	155　パリのモード（1792 年）
131　パリのモード（1777 年）	156　パリのモード（1795 年）
132　マリー＝アントワネットの宮廷女官（1777 年）	157　パリのモード（1795 年）
133　公爵夫人（1777 年）	158　白日の狂気（1798 年）
134　男爵夫人（1783 年）	159　決闘者（1798 年）
135　パリのモード（1787 年）	160　パリの女性（1798 年）

❀ 関連年表

1715 年　ルイ 15 世即位
1738 年　ヘルクラネウムの発掘（イタリア）
1745 年　ポンパドゥール夫人がルイ 15 世の愛妾になる
1774 年　ルイ 16 世が即位。マリー・アントワネットが王妃へ
1789 年　フランス革命
1793 年　ロベスピエールによる恐怖政治（〜 1794 年）
1798 年　ナポレオンのエジプト遠征
1799 年　ナポレオン・第一次執政に就任

コラム ロココ時代のファッション

　ロココとは、1710年代から1760年頃までのフランスの美術様式を指しますが、その美術の軽妙洒脱で自由奔放、かつ親しみやすい日常性を備えた特徴を敷衍(ふえん)して、18世紀のフランス宮廷文化の全体を語ることばです。1715年に即位したルイ15世とその公妾ポンパドゥール夫人、1774年に即位するルイ16世と、妃マリー＝アントワネットが、その主人公と言えましょう。

　宮廷の男性貴族は、今日で言えばチョッキにあたる「ヴェスト」、その上に「アビ」と称された上着を着用、半ズボンの「キュロット」をはきます（Plate 123, 122, 130）。ヴェストとアビには絢爛豪華な刺繍飾りがつきます。頭にはかつらを被り、毛髪が白く見えるのは髪粉をかけているからです。ゆえに帽子は被らず、腕の下にはさんで抱えます。

　女性は「ローブ・ア・ラ・フランセーズ」すなわちフランス風衣装と呼ばれた、大きな張りスカートのドレスを着用します（Plate 120, 131, 133）。スカートを広げるペチコートは、鯨のひげを輪にしたものをリボンで繋げて、鳥かごのようにしましたから、「パニエ」すなわち鳥かごと呼ばれました。腰を極端に細くするためのコルセットが「コール・ア・ラ・バレーヌ」と呼ばれたのは、同じように鯨のひげを使い、それに生地を張ってコルセットをつくったからです。バレーヌとは鯨という意味です。

鯨のひげは軽く、しなやかで壊れにくいために、最高の素材でした。男性のアビの裾を広げるためにも使われています（Plate 122）。

　本書には、ロココの著名人が何人か登場します。クァンタン・ド・ラ・トゥールの肖像画によるポンパドゥール夫人は（Plate 127）、文芸の復興や技術の振興に尽くした女性です。フランソワ＝ユベール・ドゥルエの作品によるデュ・バリー夫人（Plate 128）、エリザベート・ヴィジェ＝ルブランの作品によるマリー＝アントワネット（Plate 136）、二人とも私室での簡素なドレス姿ですが、彼女たちはみなファッション・リーダーでした。

　そしてパリ、オペラ座で人気を博したバレエダンサー、マリー・カマルゴ嬢（Plate 119）と、彼女のライバルであったマリー・サレ嬢（Plate 118）が登場するのも見どころです。カマルゴ嬢は、スカートの丈をひざとくるぶしの間まで短くし、それによって初めて、跳躍して足を交差させたり、跳躍しながらかかとを打ち付けたりする、それまでは男性しかしなかったステップを実現したといわれます。一方のサレ嬢は、コルセットもパニエもつけずに、モスリンの衣装で軽やかに踊って人気を得ました。後に女性ファッションとして定着するシュミーズ・ドレスを先取りしたようにも見えます。

PLATE 123 　　　PLATE 120 　　　PLATE 119

◆ PLATE 111
流行の服で着飾った騎士 （ルイ14世治世）
ボナールによる／1700年

ふさふさとした金髪のかつらが好まれたのは、毛髪の豊かさが権威のシンボルであったから。また洗髪が必ずしも容易ではなく、入浴の習慣もあまりなかった時代、かつらが衛生的にも優れていたからであろう。大仰な金髪と袖に束になったリボンは、ルイ14世の宮廷風であるが、着ているジュストコールは新しい時代を感じさせる。

♦ PLATE 112

聖ルイの騎士（ルイ14世治世）
ジャック・シャルル・バルによる／1706年

◆ PLATE 113

ピョートル大帝（ロシア皇帝）
出典不明／1721 年

◆ PLATE 114
アンナ・イヴァノヴナ(ロシア皇后) 1693年生 1760年没
出典不明

PLATE 115
マリア・ヨーゼファ（ポーランド王妃）
ルイ・ド・スィルヴェストルによる／1737年

◆ PLATE 116
サーカシアの王女（エカテリーナ2世の元へ大使として派遣された）
出典不明／1765年

❖ PLATE 117
パニエ（ルイ 15 世治世）
1729 年の流行より

スカートを大きく膨らませるパニエは、アヒルや鶏などの家禽を入れておくかごという意味である。イグサを編んだ縄や針金、鯨のひげなどを輪にして、数段重ねてリボンで籠のようにしたペチコートである。軽く、柔軟性のある鯨のひげが、壊れにくく好まれた。

♦ PLATE 118

カマルゴ嬢
ニコラ・ランクレによる
1730年

マリー・カマルゴは、18世紀に活躍したバレエダンサー。

♦ PLATE 119

サレ嬢（ルイ15世治世）
ニコラ・ランクレによる
1730年

マリー・サレもマリー・カマルゴと同時期に活躍したバレエ・ダンサー。

◆ PLATE 120

侯爵夫人
（ルイ15世治世）
ニコラ・ランクレによる
1740年

パニエは、最初にドイツに起こり、イギリスに伝わった後、フランスでは1722年には定着したといわれる。1720年代末には、貴族階級ばかりか、あらゆる階層の女性たちに広まり、大きなスカートを嘲笑・諷刺する芝居が再三かかっている。

◆ PLATE 121

パリのモード（ルイ15世治世）
ニコラ・ランクレによる
1740年

◆ PLATE 122
パリのモード
（ルイ 15 世治世）
ニコラ・ランクレによる／1740 年

前世紀末にジュストコールと呼ばれた上着は、アビ・ア・ラ・フランセーズ、すなわちフランス風アビと称され、腰から下に鯨のひげを入れて張らせている。その下にヴェストを着用、華やかな刺繍はロココ時代の特徴である。ズボンはキュロットと呼ぶ半ズボン。

◆ PLATE 123
侯爵（ルイ 15 世治世）
ニコラ・ランクレによる
1740 年

◆ PLATE 124

パリのモード（ルイ 15 世治世）
オギュスタン・ド・サン＝トーバンによる
1763 年

◆ PLATE 125

宮廷の衣装（ルイ 15 世治世）
シャルル・ニコラ・コシャンによる
1745 年

◆ PLATE 126
パリのモード（ルイ15世治世）
オギュスタン・ド・サン＝トーバンによる／1763年

女性のドレスはローブ・ア・ラ・ポロネーズ、すなわちポーランド風衣装と呼ばれたもので、両脇と後ろに3枚にわかれた垂れがつく。男性のかつらは袋かつらであり、後ろでまとめた髪を黒いタフタの袋に入れて結んだもの。髪が白く見えるのは白い髪粉をふりかけているためで、この頃のモードである。

◆ PLATE 127

ポンパドゥール夫人（ルイ15世治世）
クァンタン・ド・ラ・トゥールによる／1746年

典拠とされている作品には、頭に被っているボネはない。この部分は、フランソワ＝ユベール・ドゥルーエの作品に拠る。ロココの時代らしく、優美な花模様のドレスである。

✦ PLATE 128

デュ・バリー夫人（ルイ15世治世）
フランソワ＝ユベール・ドゥルーエによる／1770年

ポンパドール夫人が亡くなった後、1769年にルイ15世の公娼となった女性。翌年、王太子の元に嫁いだマリー＝アントワネットとの確執は有名である。夫人は手紙を手にしているから、私室での装いであろう。顔につけぼくろが付いているように見えるが、18世紀後半としては珍しい。

◆ PLATE 129

パリのモード（ルイ16世治世）
ジャン＝ミッシェル・モローによる
1777年

3枚にわかれた垂れのついたローブ・ア・ラ・ポロネーズ。女性が日傘をさしているように、ポロネーズは1770年代には散歩に着るカジュアル・ファッションとなった。散歩の習慣は、イギリスの田園趣味の影響である。

◆ PLATE 130

領主（ルイ16世治世）
ジャン＝ミッシェル・モローによる
1775年

男性が左手に小さな箱をもち、なにやらつまみ上げているのは嗅ぎたばこである。アメリカ先住民の風習から伝わったパイプたばこは、オランダでは既に普及していたが、フランス宮廷では未だ伝統的な嗅ぎたばこの時代である。男性が三角帽を左腕下に抱えているのは、髪粉で汚れるためで、帽子は被らず腕の下に抱えるのが当時の作法。

◆ PLATE 131

パリのモード（ルイ16世治世）
ジャン＝ミッシェル・モローによる／1777年

ローブ・ア・ラ・フランセーズ、すなわちフランス風衣装と呼ばれた宮廷服の典型である。パニエで膨らませたスカートの前面は、逆V字型に切り開かれ、豪奢な刺繍の縁飾りがつく。袖の肘の部分に数段につけられたレース飾りはアンガジャントと呼ばれた。

◆ PLATE 132
マリー＝アントワネットの宮廷女官
ジャン＝ミッシェル・モローによる／1777年

PLATE 133
公爵夫人（ルイ16世治世）
ジャン＝ミッシェル・モローによる／1777年

◆ PLATE 134

男爵夫人（ルイ 16 世治世）
ジャン＝ミッシェル・モローによる
1783 年

◆ PLATE 135

パリのモード
（ルイ 16 世治世）
ドゥビュクールによる
1787 年

1789 年に始まるフランス革命の動乱期前、イギリス風の簡素化が進んだ。折り返し襟のついた男性のコートのような女性の上着もその一つである。頭髪を大きく結い上げるモードは相変わらずで、この頃には帽子が巨大化している。

PLATE 136
マリー=アントワネット（フランス王妃）
エリザベート・ヴィジェ=ルブランによる／1788年

♦ PLATE 137

ランバル公女（ルイ16世治世）
ヴェルサイユ宮殿鏡の間の絵画より／1788年

◆ PLATE 138
フライブルクの若い女性（スイス）
ヨハン・サロモン・ヘギによる／1792年

この時代には古風なひだ襟に、銀製のメダルを下げたリボンを首にかけている。腰にはフリンジつきの腰帯を巻いている。

♦ PLATE 139
トゥールガウ州の若い女性（スイス）
ヨハン・サロモン・ヘギによる／1792年
白いひだのついたブラウスの上に丈の短いジャケットを着ている。ギャザー入りのスカートの上には、エプロンを付けている。

PLATE 140
カディスの若い女性（スペイン）
ロドリゲスによる／1790年

◆ PLATE 141
マジョルカ島の女性（スペイン）
ロドリゲスによる／1790年
頭と肩をすっぽり覆い隠すように頭巾を被っている。肘丈の袖にコルセットで身体を締め付けている。

◆ PLATE 142
サマランカの女性（スペイン）
ジャック・グラセ・ド・サン＝ソブールによる
1798年

◆ PLATE 143
闘牛士
ロドリゲスによる／1790年

闘牛士には動きやすさを重視した衣装が特徴的。できるだけ身体に沿うように作られている。金糸刺繍の施された上着やチョッキが目を惹く。手には剣と、ムレタとよばれる赤い布を持っている。

◆ PLATE 144

ヒンドスタンの女性（インド）
ニコラオ・マヌッチによる／1722年

上着とスカートの分かれた服はレヘンガと呼ばれるインドの伝統的なスタイル。額の装飾はティカといい、髪にかけて身につける。

◆ PLATE 145
アラブの女性たち
ジャック・シャルル・バルによる／1782年

フェズと呼ばれるつばのない円筒形のトルコ帽を被り、華やかな刺繍を施されたカフタンを着ている。

◆ PLATE 146
高官（中国）
中国の絵画より／1780 年

清の役人の服装。階級によって着る服装が定められていた。蟒袍と呼ばれる特殊な服を着て、補服と呼ばれる上着を着ている。胸の四角い布は補子といい、鳥の模様は文官の印である。帽子も羽根の装飾によって、階級の区別がなされた。

◆ PLATE 147
高官の妻
アレクシ・ノエル氏所蔵の
中国の絵画より
1780 年

清の時代の高官の妻の晴れ着姿。

◆ PLATE 148
カイロの女性（エジプト）
コプトの絵画より／1799年

◆ PLATE 149
北米のインディアン
カルティアスによる（フランス国立図書館）
1780年

頭部には戦士の証とされる鷲の羽根で作られた羽根冠（ウォーボンネット）を被っている。顔にペイントを施し、斧を手に持っている。

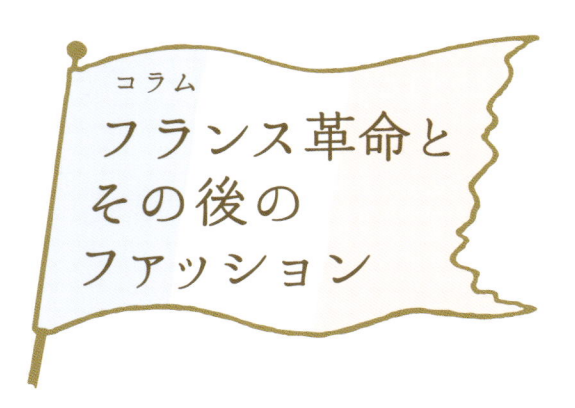

コラム フランス革命とその後のファッション

　1789年、政治犯を収監していたバスティーユ牢獄が襲撃され、フランスは革命の動乱期に入ります。その後のナポレオン帝政を経て、19世紀初めに王政が復古するまで、ファッションはどのように変化したのでしょうか。

　1791年の新憲法の制定に続き、1792年、王政に代わって共和制が敷かれ、翌年には国王ルイ16世と妃マリー＝アントワネットは処刑されます。貴族が次々と断頭台へと送られていきますが、1794年、これを率いていたロベスピエールの失脚により混乱の時期は終わります。まもなくナポレオンが登場し、1804年に自らフランス人の皇帝として戴冠して帝政が敷かれます。古代ギリシャ、ローマの文化を範にした帝政は、しかし長く続くことはなく、1814年、ナポレオンは失脚。亡命先から帰国したルイ16世の弟が、ルイ18世として戴冠し、再びブルボン家の王政が始まります。

　このような政治の動乱期を境にして、女性のファッションは大きく変化しています。ロココの宮廷文化を代表するローブ・ア・ラ・フランセーズは、コール・ア・ラ・バレーヌによって腰を細め、パニエによってスカートを大きく膨らませた造形性のはっきりとした衣装でした（Plate 131）。しかし革命を経て帝政時代には、シンプルな白い清楚なドレスに変わっています（Plate 161, 163, 164）。素材ももはや重厚な絹地ではなく、綿やウール・モスリンの薄い布を使い、流れるようなラインをつくります。まるで下着のようですから、シュ

PLATE 131

PLATE 161

PLATE 136

PLATE 127

ミーズと呼ばれました。このような軽快なドレスは、明らかに帝政時代の人びとが憧れた古代ギリシャ、ローマ文明の服飾をまねたものです。ゆえにシュミーズ・ドレスは帝政様式と呼ばれています。なお、この種のドレスがディレクトワールと呼ばれることがありますが、ディレクトワールとは1795〜99年の統治機構である「総裁政府」という意味で、革命直後にこの種のファッションが鮮明になったがゆえの命名です。

ところで、ファッションのこの大きな変化が革命という政治的動乱に起因するという考え方は、今日の服飾史では否定されています。革命勃発前年の1788年のマリー＝アントワネットの肖像と、ランバル公女の肖像を見てみましょう（Plate 136, 137）。私室での服装とはいえ、刺繍やリボン飾りのない清楚な白いドレスを着ています。同じ私室の装いでも、ポンパドゥール夫人の場合には花模様の織柄が見え、何段にも重ねたレースの袖飾り「アンガジャント」が付き、こちらはいかにもロココのモードです（Plate 127）。つまり革命以前に既にシュミーズ・ドレスは存在し、実は1787年に「王妃風シュミーズ」という名のシュミーズ・ドレスが当時のモード誌『ギャルリー・デ・モード』に掲載されています。既に1783年に、女流画家のエリザベート・ヴィジェ＝ルブランは、シュミーズ・ドレスの王妃像を描いてもいます。革命によってファッションが変わったわけではなく、先に王妃自らが後に主流となるファッションを提案していたのです。古代文明への憧れも、1738年のイタリア、ヘルクラネウムの発掘までさかのぼります。衣服の簡素化は、ロココ末期には着々と進んでおり、古代への憧憬の他、イギリスの田園趣味や、フランス国内生産が盛んになった更紗の供給なども影響しています。

もちろんシュミーズ・ドレスが19世紀初頭のナポレオン帝政期の女性服を特徴付けていることは間違いありません。ブルボン王家が復古すると、

女性ファッションは再び、重厚なものへと変化し、次第にスカートが膨張していきます。原書が刊行された1864年のモードが1点掲載されていますが（Plate 187）、この頃は、スカートが最大になった1856年の絶頂期を過ぎて、まもなく後ろ腰に膨らみをまとめたバッスル・スタイルへと移行するときです。

　本書には革命が終結する1795年の風俗を示す2点の版画が収められています（Plate 156, 157）。一見して奇妙な服装であると気が付くでしょうが、これが革命終結直後のパリに登場した若者たちのファッションです。

　極端に大きな折り返し襟、しかも派手な模様が浮き出ています。首の周りにはぐるぐるとスカーフを巻き、これはリンパ腺の腫れる病気の名をとって瘰癧風と呼ばれました。髪の毛はぼさぼさで、節の付いた棒を手にしています。この風変わりな男たちにはアンコワヤブル、すなわち「信じがたい」という意味の呼称が付きましたが、それは彼らが「信じがたい」という語を連発したからだといわれます。正しくはアンクロワヤブルですが、革命ということばの頭文字のRを嫌って、Rの発音をしなかったといいます。一方、女性もまた頭上の大きなリボン結びや、つばが極端に張り出した帽子、スカートを持ち上げて脚を見せている所作など、服装も態度も奇妙です。彼女たちにはメルヴェイユーズ、すなわち「驚愕するような」という意味の呼称が付きました。

　このようなファッションを誇ったのはブルジョアの子弟たちでした。革命は、庶民たちのちからで推進され、ある意味で成功しましたが、革命後に実権を握ったのはブルジョア階級でした。産業に依存する資本主義社会が本格化していく時期としては当然かもしれません。奇抜なファッションは、政治の動乱から解放された若者たちの素直な気持ちの表現であったのでしょう。

PLATE 187

PLATE 156

◆ PLATE 150
パリのモード（ルイ16世治世）
ルイ・レオポルド・ボワリィによる／1790年

左の女性が着ている短い上着は、更紗でつくったカラコか、あるいは帝政時代に流行するスペンサーだろうか。ロココ期とは異なる新たなモードを感じさせる装いである。右の女性の肩にフィシュというスカーフを巻くのも新たな流行である。

PLATE 151

パリのモード（ルイ16世治世／革命期）
ドゥビュクールによる／1792年

◆ PLATE 152

パリのモード（ルイ16世治世／革命期）
ドゥビュクールによる／1792年

◆ PLATE 153
パリのモード（ルイ16世治世／革命期）
ドゥビュクールによる／1792年

◆ PLATE 154
パリの女性
ルイ・レオポルド・ボワリィの時代の絵より
1793年

♦ PLATE 155

パリのモード（ルイ16世治世）
ドゥビュクールによる／1792年

大きな帽子は、18世紀末らしいモード。白い繊細なシュミーズ・ドレスは、この後、19世紀初頭にかけて女性服の主流となる。

♦ PLATE 156
パリのモード（国民公会の時代）
カルル・ヴェルネによる／1795 年

フランス革命の動乱期が終る頃、パリのブルジョアの子弟らに奇抜なファッションが流行する。若者たちは、「信じがたい」ということばを連発したため、そのような意味のアンコワヤブルという名で呼ばれた。大きく派手なルダンゴトの折り返しがみられる。首の周りにぐるぐる巻きつけたネクタイは、リンパ腺の腫れる病気の名をとって「瘰癧風(るいれき)」と呼ぶ。

◆ PLATE 157
パリのモード（国民公会の時代）
カルル・ヴェルネによる／1795年

奇抜なファッションを誇る若者アンコワヤブルとともに、同じく奇抜な服装でメルヴェイユーズと称された女性が描かれている。メルヴェイユーズとは「びっくりするような」という意味。彼女の大きなリボン飾りと背後に立ち上がった大仰な襟が見ものである。

◆ PLATE 158
白日の狂気（総裁政府の時代）
ルイ・レオポルド・ボワリィによる／1798年

18世紀末から、19世紀初頭にかけて多くの風俗画を描いてきたボワリィは、下着のようなシュミーズ・ドレスを着た女性の姿を狂気の沙汰と感じたのだろう。

◆ PLATE 159
決闘者（総裁政府の時代）
ルイ・レオポルド・ボワリィによる／1798年

♦ PLATE 160
パリの女性（総裁政府の時代）
ルイ・レオポルド・ボワリィによる／1798年

19世紀

19世紀

✣ プレート一覧 　頭の数字はプレートナンバーです。

- 161　舞踏会用の衣装（1801年）
- 162　パリの婦人（1813年）
- 163　街の装い（1803年）
- 164　略装（1807年）
- 165　宮廷のマント（1816年）
- 166　舞踏会用の衣装（1819年）
- 167　パリのモード（1819年）
- 168　パリのモード（1828年）
- 169　イギリスの女性たち（1800年）
- 170　オランダの庭師（1804年）
- 171　ハンブルグの花売り娘（1808年）
- 172　セリム3世（1807年）
- 173　ハチャドール・ドハネス
　　　（ペルシャ王子に仕える将校）（1816年）
- 174　デメトリオス（1820年）
- 175　ギリシャの王女（1820年）
- 176　ミハエル・スツォ（1820年）
- 177　シェマカの踊り子（1820年）
- 178　ギリシャの若い女性（1825年）
- 179　ウンダーヴァルテン州の若い女性（1825年）
- 180　ギリシャの踊り手（1827年）
- 181　サルヴェーラの女性（1830年）
- 182　バレンシアの男性（1850年）
- 183　ノーチ（1831年）
- 184　サーカシアの人（1850年）
- 185　アブドゥルメジド1世（1839年生1861年没）
- 186　ヴィアルカの女性（1860年）
- 187　パリの婦人（1864年）
- 188　ムラータ（マルティニクの混血女性）（1865年）
- 189　ハルダンゲル地方の若い女性（1867年）
- 190　カールガの女性（1860年）
- 191　平服姿の日本の女性（1868年）
- 192　平服姿の日本の役人（1868年）

✣ 関連年表

- 1804年　ナポレオン1世が皇帝となる
- 1806年　神聖ローマ帝国滅亡
- 1814年　フランス、第一王政復古
　　　　　ロマン主義が広まる
- 1830年　フランス、7月革命
- 1837年　ヴィクトリア女王即位
- 1848年　フランス、2月革命
- 1867年　パリ・万国博覧会

◆ PLATE 161
舞踏会用の衣装（統領政府の時代）
当時の雑誌より／1801年

革命の動乱期を過ぎた18世紀末から、19世紀初頭のナポレオン帝政時代には、古代ギリシャやローマ時代の服飾をまねたシュミーズ・ドレスが全盛期を迎える。胸高のウエストの清楚で軽やかなドレスの素材は、綿やウール・モスリンで、薄地のドレスは、風邪や肺炎にかかる女性を増加させたとも。

◆ PLATE 162
パリの婦人（帝政時代）
オラース・ヴェルネによる
1813年

◆ PLATE 163
街の装い
ドゥビュクールによる
1803年

◆ PLATE 164
略装（帝政時代）
オラース・ヴェルネによる／1807年

シュミーズ・ドレスにはちょうちん袖が付き、腕には、手の甲までをおおう長手袋の一種、ミトンを装着することが多い。女性は、カプリオレ、すなわち幌馬車と呼ばれた帽子をかぶっているように見える。鯨のひげに絹を張り、折りたためるように工夫された帽子である。

◆ PLATE 165

宮廷のマント（ルイ18世治世）
オラース・ヴェルネによる／1816年

PLATE 166
舞踏会用の衣装（ルイ18世治世）
当時の雑誌より／1819年

◆ PLATE 167

パリのモード（ルイ18世治世）
当時の雑誌より／1819年

◆ PLATE 168

パリのモード
（シャルル10世治世）
アシル・デュヴェリアによる
1828年

ナポレオンが失脚し、ブルボン家による王政がもどった1815年以降、スカートはふたたび膨らみを増し、世紀半ばには最大に大きくなる。図はややボリュームがでてきた頃のドレスで、大きく膨らんだジゴ袖は、ルネサンス期の復古調である。

◆ PLATE 169
イギリスの女性たち
オフィス・ファッショナブルより／1800年

◆ PLATE 170
オランダの庭師
コニングによる／1804年

麦わら帽子を被り、幅広のリボンを顎のところで結んでいる。白地の花模様の胴着の上から、ピンクのリボンをクロスさせている。

PLATE 171

ハンブルグの花売り娘（ドイツ）
C. サールによる／1808 年

ボンネットは顎下の黒いリボンで固定されている。丈の短いジャケットを着ている。スカートと同様にエプロンにもひだが入っている。このようなスタイルの売り子が籠や天秤棒をかついで街を訪れた。

✦ PLATE 172
セリム 3 世（オスマン帝国の皇帝）
グレゴリウスによる／1807 年

セリム 3 世の即位は 1789 年。政治の手腕もさることながら、芸術的な才能にも恵まれ、詩人や音楽家としても知られた。ターバンとカフタンと呼ばれる上着が特徴的。

◆ PLATE 173
ハチャドール・ドハネス（ペルシャ王子に仕える将校）
ド・リュクルーズによる／1816年

毛皮で作られた縁のない帽子を被っている。上着のガウンにはスリットが入っており、その下には長衣を着ている。

◆ PLATE 174

デメトリオス（ギリシャの王子）
ルイ・デュプレによる／1820 年

赤のトルコ帽に金の刺繍を施した上着を着ている。白いひだのスカートは、ファスチアンという丈夫な綿布で作られており、フスタネラと呼ばれ、今日なお民族衣装として残っている。腰に巻かれた帯には短刀が挿しこまれることが多い。

PLATE 175
ギリシャの王女
ルイ・デュプレによる／1820年

◆ PLATE 176

ミハエル・スツォ（モルドバの王子）
ルイス・デュプレによる／1820年

PLATE 177

シェマカの踊り子
グレゴリー・ガガーリンによる／1820年

◆ PLATE 178

ギリシャの若い女性
出典不明／1825年

PLATE 179
ウンターヴァルデン州の若い女性（スイス）
当時の絵画より／1825年

◆ PLATE 180
ギリシャの踊り手
アレクサンドル・コランによる／1827年

裾のふくらんだハーレムパンツに、装飾が施された上着を着ている。

◆ PLATE 181
サルベーラの女性（ナポリ公国）
当時の絵画より／1830年

◆ PLATE 182
バレンシアの男性（スペイン）
実際の人物をモデルに／1850年
帽子には黒いボンボンが付いている。
ベストを着て、腰巻きには短刀を挿している。

◆ PLATE 183
ノーチ（ヒンドスタンのダンサー）
A. コランとS.C.ベルノによる／1831年

ノーチとよばれるインドのダンスの踊り手。上流階級の宴会やお祭りの余興として、踊りは披露された。

◆ PLATE 184
サーカシアの人
グレゴリー・ガガーリンによる
1850 年

ガガーリンによる元の作品によれば、現アゼルバイジャンの首都バクーの青年とみられる。服装は現グルジアの民族衣装と似ている。

◆ PLATE 185
アブドゥルメジト 1 世
1839 年生 1861 年没
出典不明

PLATE 186
ヴィアルカの女性（ロシア）
実際の人物をモデルに／1860年

PLATE 187

パリの婦人（第二帝政時代）
『プチ・クーリエ・デ・ダーム』誌より／1864年

スカートを大きく膨らませるペチコートを、19世紀にはクリノリンと呼ぶ。馬の尾の毛（クラン）を亜麻布（ラン）に刺し子にして張りをもたせ、そのような布でペチコートをつくったゆえの命名である。1856年に最高の大きさになった頃には、ペチコートを重ねるだけでは済まず、かつてのパニエのような籠状のペチコートになった。

◆ PLATE 188
ムラータ（マルティニクの混血女性）
実際の人物をモデルに／1865年

◆ PLATE 189
ハルダンゲル地方の若い女
（ノルウェー）
万国博覧会より／1867年

この女性が着ているのは、ブーナッドと呼ばれるノルウェーの民族衣装。地方ごとにデザインの違いがあり、出自を示す意味で着用することもある。色鮮やかな刺繍と銀細工のアクセサリーが特徴。

◆ PLATE 190
カルーガの女性（ロシア）
実際の人物をモデルに／1860年

ロシアの民族衣装。長袖シャツのルバシカに、ジャンパースカート状のサラファンを着て、更にドゥシェグレーヤという上着を重ねている。頭には、ココーシュニクと呼ばれる被り物を付けている。

◆ PLATE 191

平服姿の日本の女性（江戸）
ジュバン氏のコレクションより
1868 年

江戸期の日本の女性。縞模様の普段着を着ている。この前年のパリの万国博覧会に日本は初めて出展した。

◆ PLATE 192

平服姿の日本の役人（江戸）
ジュバン氏のコレクションより
1868 年

江戸期の日本の男性。羽織りに袴の装い。

⚜ 参考文献 ⚜

伊藤亜紀著『色彩の回廊：ルネサンス文芸における服飾表象について』ありな書房、2002 年
内村理奈著『モードの身体史』悠書館、2013 年
佐々井啓編著『ファッションの歴史：西洋服飾史』朝倉書店、2003 年
菅原珠子著『絵画・文芸にみるヨーロッパ服飾史』朝倉書店、1991 年
丹野都監修『世界の民族衣装の事典』東京堂出版、2006 年
徳井淑子著『服飾の中世』勁草書房、1995 年
徳井淑子編訳『中世衣生活誌：日常風景から想像世界まで』勁草書房、2000 年
徳井淑子著『図説ヨーロッパ服飾史』河出書房新社、2010 年
能澤慧子著『モードの社会史：西洋近代服の誕生と展開』有斐閣、1991 年
能澤慧子監修『世界服飾史のすべてがわかる本』ナツメ社、2012 年
芳賀直子著『ビジュアル版　バレエ・ヒストリー　バレエ誕生からバレエ・リュスまで』世界文化社、2014 年
深井晃子監修『増補新装版 カラー版世界服飾史』、美術出版社、2010 年
文化女子大学図書館所蔵『西洋服飾関係欧文文献解題・目録』文化女子大学図書館、1980 年
護雅夫監修『トプカプ宮殿博物館　全5巻』トプカプ宮殿博物館全集刊行会、1980 年
パトリシア・リーフ・アナワルト著『世界の民族衣装文化図鑑〈1〉中東・ヨーロッパ・アジア編』柊風舎、2011 年
M. ダヴェンポート著『服装の書』2巻、元井能監修、関西衣生活研究会、1994 年
R. L. ピセツキー著『モードのイタリア史』池田孝江監修、平凡社、1987 年
F. ブーシェ著『西洋服装史』石山彰監修、文化出版局、1978 年
M.G. ムッツァレッリ著『イタリア・モード小史』伊藤亜紀訳、知泉書館、2014 年
G. レーネルト著『絵とたどるモードの歴史』黒川祐子訳、中央公論美術出版、2011 年
A. ローゼンベルク著『図説　服装の歴史　上』飯塚信雄監修、国書刊行会、2001 年
A. ローゼンベルク著『図説　服装の歴史　下』飯塚信雄監修、国書刊行会、2001 年
『華麗な革命：ロココと新古典の衣装展』京都国立近代美術館、1989 年
『トプカプ宮殿の至宝展　オスマン帝国と時代を彩った女性たち』朝日新聞社、東映、2007 年
『モードと諷刺』栃木県立美術館、1995 年
A. ラシネ原著『民族衣装』マールカラー文庫 1、マール社、1994 年
A. ラシネ原著『続民族衣装』マールカラー文庫 17、マール社、2013 年
A. ラシネ原著『中世ヨーロッパの服装』マールカラー文庫 18、マール社、2010 年
A. ラシネ原著『世界の服飾 1　民族衣装』マール社、1976 年
A. ラシネ原著『世界の服飾 2　続民族衣装』マール社、1977 年

Jane Ashelford, *Dress in the Age of Elizabeth I*, Holmes & Meier, New York, 1988
Madeleine Delpierre, *Dress in France in the Eighteenth Century*, Yale U. P., New Haven/London, 1997
Raymond Gaudriault, *La gravure de mode féminine en France*, Edition de L'Amateur, Paris, 1983
F. Piponnier et P. Mane, *Se vêtir au Moyen Age*, Adam Biro, Paris, 1995
Jules Quicherat, *Histoire du costume en France*, Paris, 1875
Aileen Ribeiro, *The Art of Dress : Fashion in England and France 1750-1820*, Yale U. P., New Haven/London, 1995
Valerie Steele, *Paris Fashion*, Berg, New York/Oxford, 1998

✦ 監修者紹介 ✦

徳井淑子
TOKUI Yoshiko

1984 年、お茶の水女子大学大学院人間文化研究科博士課程単位取得満期退学。
お茶の水女子大学人間文化創成科学研究科教授を経て、現在、同大学名誉教授。
専攻はフランス服飾・文化史。主な著書に『服飾の中世』(勁草書房)、
『色で読む中世ヨーロッパ』(講談社)、『図説 ヨーロッパ服飾史』(河出書房新社) などがある。

✦ プレートナンバー対応表 ✦

本書の図版は、原書の『国内編 (Modes et costumes historiques)』と『国外編 (Modes et costumes historiques étrangers)』の 2 冊の図版を年代順に整理し、掲載しています。
左側は本書におけるプレートナンバー、右側は原書におけるプレートナンバーです。

5～15世紀

PLATE 001 ..... 国内編 001
PLATE 002 ..... 国内編 002
PLATE 003 ..... 国内編 003
PLATE 004 ..... 国内編 004
PLATE 005 ..... 国内編 005
PLATE 006 ..... 国内編 006
PLATE 007 ..... 国内編 007
PLATE 008 ..... 国内編 008
PLATE 009 ..... 国内編 009
PLATE 010 ..... 国内編 011
PLATE 011 ..... 国内編 012
PLATE 012 ..... 国内編 013
PLATE 013 ..... 国外編 001
PLATE 014 ..... 国内編 010
PLATE 015 ..... 国内編 014
PLATE 016 ..... 国内編 015
PLATE 017 ..... 国内編 017
PLATE 018 ..... 国外編 002
PLATE 019 ..... 国外編 016
PLATE 020 ..... 国外編 003

16世紀

PLATE 021 ..... 国内編 018
PLATE 022 ..... 国内編 019
PLATE 023 ..... 国外編 004
PLATE 024 ..... 国外編 005
PLATE 025 ..... 国外編 006
PLATE 026 ..... 国外編 007

PLATE 027 ..... 国外編 011
PLATE 028 ..... 国外編 008
PLATE 029 ..... 国外編 009
PLATE 030 ..... 国外編 010
PLATE 031 ..... 国内編 021
PLATE 032 ..... 国内編 020
PLATE 033 ..... 国内編 022
PLATE 034 ..... 国内編 023
PLATE 035 ..... 国内編 024
PLATE 036 ..... 国外編 012
PLATE 037 ..... 国外編 013
PLATE 038 ..... 国外編 014
PLATE 039 ..... 国外編 015
PLATE 040 ..... 国外編 017
PLATE 041 ..... 国外編 019
PLATE 042 ..... 国外編 020
PLATE 043 ..... 国外編 021
PLATE 044 ..... 国外編 022
PLATE 045 ..... 国内編 025
PLATE 046 ..... 国内編 027
PLATE 047 ..... 国内編 026
PLATE 048 ..... 国外編 028
PLATE 049 ..... 国外編 029
PLATE 050 ..... 国外編 030
PLATE 051 ..... 国外編 031
PLATE 052 ..... 国外編 032
PLATE 053 ..... 国外編 016
PLATE 054 ..... 国外編 018
PLATE 055 ..... 国外編 029
PLATE 056 ..... 国外編 023
PLATE 057 ..... 国外編 024
PLATE 058 ..... 国外編 025
PLATE 059 ..... 国外編 027

PLATE 060 ..... 国外編 026
PLATE 061 ..... 国外編 033
PLATE 062 ..... 国外編 035
PLATE 063 ..... 国外編 028
PLATE 064 ..... 国外編 030
PLATE 065 ..... 国外編 031
PLATE 066 ..... 国外編 034
PLATE 067 ..... 国外編 032
PLATE 068 ..... 国外編 036
PLATE 069 ..... 国外編 038
PLATE 070 ..... 国外編 037
PLATE 071 ..... 国内編 033
PLATE 072 ..... 国内編 034
PLATE 073 ..... 国内編 036
PLATE 074 ..... 国内編 035
PLATE 075 ..... 国内編 037
PLATE 076 ..... 国内編 038

17世紀

PLATE 077 ..... 国内編 039
PLATE 078 ..... 国内編 040
PLATE 079 ..... 国内編 041
PLATE 080 ..... 国内編 042
PLATE 081 ..... 国内編 043
PLATE 082 ..... 国内編 044
PLATE 083 ..... 国内編 045
PLATE 084 ..... 国内編 047
PLATE 085 ..... 国内編 046
PLATE 086 ..... 国内編 048
PLATE 087 ..... 国内編 049
PLATE 088 ..... 国内編 051

PLATE 089 ..... 国内編 050	PLATE 123 ..... 国内編 061	
PLATE 090 ..... 国内編 053	PLATE 124 ..... 国内編 066	19世紀
PLATE 091 ..... 国内編 052	PLATE 125 ..... 国内編 063	
PLATE 092 ..... 国外編 041	PLATE 126 ..... 国内編 065	
PLATE 093 ..... 国外編 039	PLATE 127 ..... 国内編 064	PLATE 161 ..... 国内編 088
PLATE 094 ..... 国外編 047	PLATE 128 ..... 国内編 067	PLATE 162 ..... 国内編 091
PLATE 095 ..... 国外編 044	PLATE 129 ..... 国内編 069	PLATE 163 ..... 国内編 089
PLATE 096 ..... 国外編 040	PLATE 130 ..... 国内編 068	PLATE 164 ..... 国内編 090
PLATE 097 ..... 国外編 042	PLATE 131 ..... 国内編 070	PLATE 165 ..... 国内編 092
PLATE 098 ..... 国外編 045	PLATE 132 ..... 国内編 071	PLATE 166 ..... 国内編 093
PLATE 099 ..... 国外編 043	PLATE 133 ..... 国内編 072	PLATE 167 ..... 国内編 094
PLATE 100 ..... 国外編 046	PLATE 134 ..... 国内編 073	PLATE 168 ..... 国内編 095
PLATE 101 ..... 国外編 048	PLATE 135 ..... 国内編 074	PLATE 169 ..... 国外編 074
PLATE 102 ..... 国外編 058	PLATE 136 ..... 国内編 075	PLATE 170 ..... 国外編 075
PLATE 103 ..... 国外編 051	PLATE 137 ..... 国内編 076	PLATE 171 ..... 国外編 077
PLATE 104 ..... 国外編 052	PLATE 138 ..... 国外編 070	PLATE 172 ..... 国外編 076
PLATE 105 ..... 国外編 049	PLATE 139 ..... 国外編 071	PLATE 173 ..... 国外編 078
PLATE 106 ..... 国外編 050	PLATE 140 ..... 国外編 068	PLATE 174 ..... 国外編 079
PLATE 107 ..... 国外編 053	PLATE 141 ..... 国外編 069	PLATE 175 ..... 国外編 080
PLATE 108 ..... 国外編 054	PLATE 142 ..... 国外編 072	PLATE 176 ..... 国外編 081
PLATE 109 ..... 国外編 056	PLATE 143 ..... 国外編 067	PLATE 177 ..... 国外編 082
PLATE 110 ..... 国外編 055	PLATE 144 ..... 国外編 059	PLATE 178 ..... 国外編 083
	PLATE 145 ..... 国外編 065	PLATE 179 ..... 国外編 084
18世紀	PLATE 146 ..... 国外編 063	PLATE 180 ..... 国外編 085
	PLATE 147 ..... 国外編 064	PLATE 181 ..... 国外編 086
	PLATE 148 ..... 国外編 073	PLATE 182 ..... 国外編 090
PLATE 111 ..... 国内編 054	PLATE 149 ..... 国外編 066	PLATE 183 ..... 国外編 087
PLATE 112 ..... 国内編 055	PLATE 150 ..... 国外編 077	PLATE 184 ..... 国外編 089
PLATE 113 ..... 国外編 057	PLATE 151 ..... 国外編 078	PLATE 185 ..... 国外編 088
PLATE 114 ..... 国外編 060	PLATE 152 ..... 国外編 079	PLATE 186 ..... 国外編 092
PLATE 115 ..... 国外編 061	PLATE 153 ..... 国外編 080	PLATE 187 ..... 国内編 096
PLATE 116 ..... 国外編 062	PLATE 154 ..... 国外編 082	PLATE 188 ..... 国外編 093
PLATE 117 ..... 国内編 056	PLATE 155 ..... 国外編 081	PLATE 189 ..... 国外編 094
PLATE 118 ..... 国内編 058	PLATE 156 ..... 国外編 083	PLATE 190 ..... 国外編 091
PLATE 119 ..... 国内編 057	PLATE 157 ..... 国外編 084	PLATE 191 ..... 国外編 096
PLATE 120 ..... 国内編 059	PLATE 158 ..... 国内編 085	PLATE 192 ..... 国外編 095
PLATE 121 ..... 国内編 060	PLATE 159 ..... 国内編 086	
PLATE 122 ..... 国内編 062	PLATE 160 ..... 国内編 087	

図版：原書『国外編』扉ページの挿絵より
中央の女性はP.62に登場するヴィレトリの女性。その後ろにも
『国外編』に登場する人物たちが山の斜面に並んでいる。

19世紀の銅版画家
✤ ポーケのファッション画集 ✤
フランスと異国の貴族・民衆の服装

2014年11月20日　第1刷発行

原著　イポリット・ポーケ／ポリドール・ポーケ
翻訳　ルフェブル＝パケ・ジュリアン
監修　徳井淑子
編者　マール社編集部
発行者　山崎正夫
印刷・製本　広研印刷株式会社
発行所　株式会社マール社
〒113-0033　東京都文京区本郷1-20-9
tel 03-3812-5437 fax 03-3814-8872
http://www.maar.com/
デザイン　秋元葉子（VIVIFAI）
制作　松本明子（株式会社マール社）

ISBN978-4-8373-0744-0 Printed in Japan
©Maar-sha Publishing Co., LTD., 2014
乱丁・落丁の場合はお取り替えいたします。